Mi biblioteca de ciencias

Datos asombrosos acerca del sonido

Buffy Silverman

Editor del contenido científico:
Shirley Duke

Rourke Educational Media
rourkeeducationalmedia.com

Science Content Editor: Shirley Duke holds a bachelor's degree in biology and a master's degree in education from Austin College in Sherman, Texas. She taught science in Texas at all levels for twenty-five years before starting to write for children. Her science books include *You Can't Wear These Genes, Infections, Infestations, and Diseases, Enterprise STEM, Forces and Motion at Work, Environmental Disasters,* and *Gases*. She continues writing science books and also works as a science content editor.

www.rourkeeducationalmedia.com

Photo credits: Cover © VikaSuh, articular, Artisticco; Pages 2/3 © TDC Photography; Pages 4/5 © stockshot, JinYoung Lee; Pages 6/7 © Dragos Iliescu, Oguz Aral; Pages 8/9 © NatalieJean, Igor Kovalchuk, Brian Becker; Pages 10/11 © Michal Durinik, Christopher Parypa; Pages 12/13 © Gina Smith, Mark Herreid; Pages 14/15 © efirm, Avesun, Willyam Bradberry, CreativeNature.nl, dean bertoncelj, Henrik Larsson; Pages 16/17 © Golden Pixels LLC, Galushko Sergey, TDC Photography; Pages 18/19 © Susan Stevenson , Blue Door Education, Keith Publicover, R. Gino Santa Maria, irin-k, Lars Christensen, mast3r, Adisa, Elnur, Stephen Coburn; Pages 20/21 © SergiyN, Waj

Editor: Kelli Hicks

My Science Library series produced by Blue Door Publishing, Florida for Rourke Educational Media.
Editorial/Production services in Spanish
by Cambridge BrickHouse, Inc.
www.cambridgebh.com

Silverman, Buffy.
Datos asombrosos acerca del sonido / Buffy Silverman.
ISBN 978-1-63155-059-1 (hard cover - Spanish)
ISBN 978-1-62717-299-8 (soft cover - Spanish)
ISBN 978-1-62717-518-0 (e-Book - Spanish)
ISBN 978-1-61810-242-3 (soft cover - English)
Library of Congress Control Number: 2014941464

Rourke Educational Media
Printed in the United States of America,
North Mankato, Minnesota

Rourke Educational Media

rourkeeducationalmedia.com

customerservice@rourkeeducationalmedia.com
PO Box 643328 Vero Beach, Florida 32964

Contenido

¿Qué es el sonido?

Escucha los sonidos mientras montas tu bicicleta en el parque. La cadena de la bicicleta tintinea al girar. Los autos pitan y los neumáticos rechinan en la calle. En el parque, las aves cantan y las ardillas chillan. El viento sopla y las hojas susurran. Un amigo grita tu nombre. Los frenos chirrean cuando los aprietas. El candado de tu bicicleta hace clic cuando lo cierras. Estás rodeado por sonidos todos los días.

No podemos ver el sonido, pero impacta nuestras vidas todos los días. Aprendemos sobre nuestro entorno escuchando sus sonidos.

El sonido es una forma de **energía**. Si pulsas una cuerda de guitarra esta vibra, o se mueve hacia adelante y hacia atrás. Las **vibraciones** forman las **ondas sonoras**. Las ondas de sonido se mueven en el aire, el agua y en sustancias sólidas. Mientras viajan, chocan con partículas microscópicas. Las ondas sonoras hacen vibrar estas partículas, llamadas **moléculas**.

Cuando llamas a una puerta, las moléculas de la puerta vibran. Las moléculas en movimiento chocan con las partículas del aire, enviando ondas sonoras a través de este.

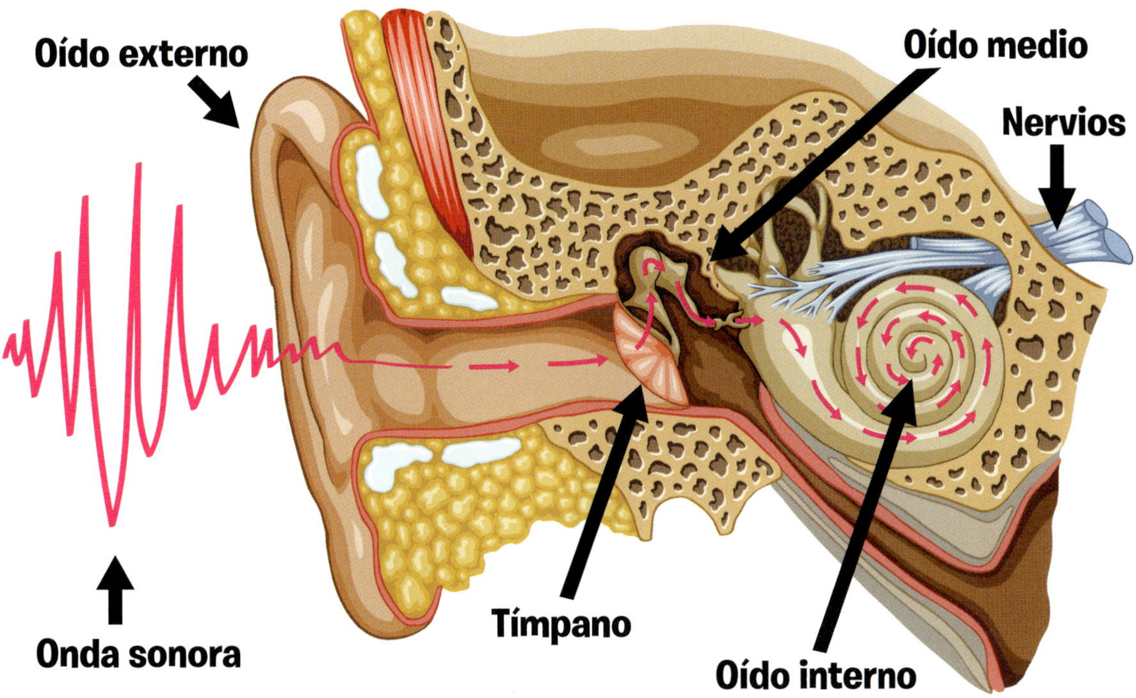

Las ondas sonoras en el aire son recogidas por el oído externo, viajan hasta el **tímpano** y lo hacen vibrar. Entonces, las vibraciones pasan por los huesos del oído medio al oído interno. Se doblan los pelillos del oído interno, causando que los nervios envíen mensajes al cerebro. Tu cerebro escucha sonidos.

Sonidos rápidos

El sonido solo puede viajar a través de sustancias, llamadas materia. Los sólidos, líquidos y gases como el aire, están compuestos por materia. La velocidad del sonido es la velocidad a la que viajan las ondas sonoras a través de la materia. El sonido viaja más rápido a través de un sólido que de un líquido y más rápido a través de un líquido que a través de un gas. Las moléculas de un sólido están más unidas, por lo que las vibraciones se mueven más rápidamente de una molécula a otra. Las moléculas en un líquido están más separadas. Las moléculas en un gas están más alejadas unas de otras, por eso las vibraciones viajan más lento.

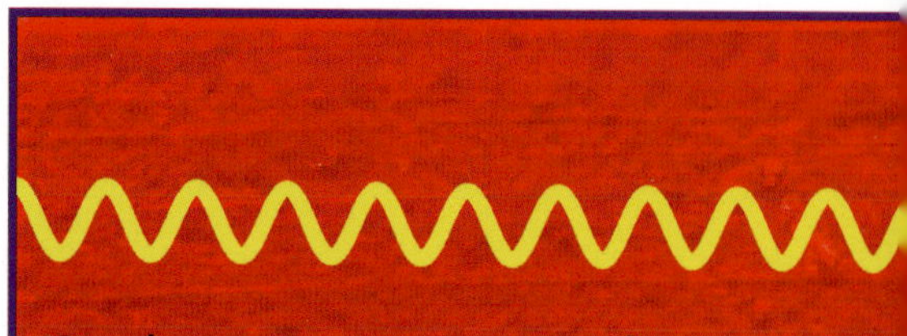

Onda sonora a través de un sólido

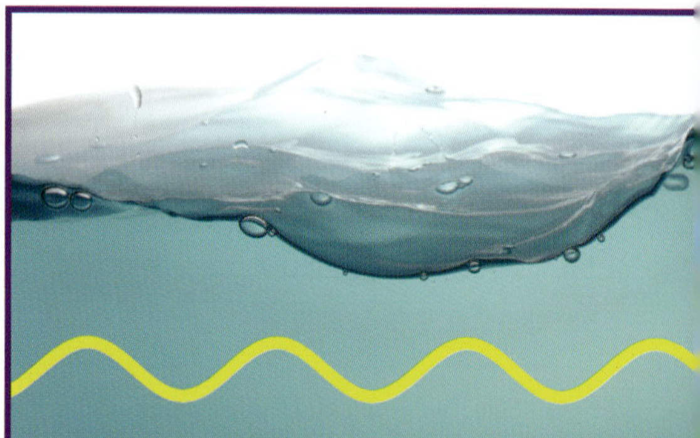

Onda sonora en el agua

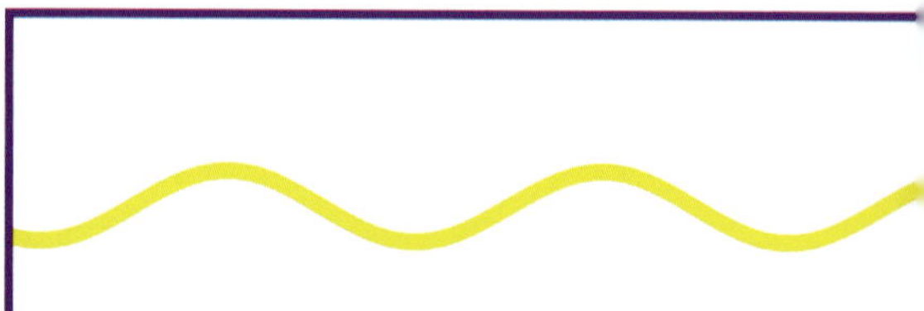

Onda sonora en el aire

Datos asombrosos del sonido

El sonido de las pisadas de los elefantes viaja muchas veces más rápido a través del suelo que a través del aire. Los elefantes detectan estas vibraciones con sus trompas sensibles y con sus patas. Ellos sienten vibraciones originadas a dos millas (3.22 kilómetros) de distancia.

Los leones marinos oyen mejor bajo el agua que en la tierra, porque las ondas sonoras viajan más rápido a través del agua que del aire.

Datos asombrosos del sonido

Durante una tormenta ves el relámpago antes de oír el trueno. El sonido viaja más despacio que la luz.

El sonido viaja a través del aire a 68 °F (20 °C) a unas 768 millas por hora (1,236 km/hora) a nivel del mar. Las moléculas tienen más energía y vibran más rápidamente a temperaturas más altas, por lo que el sonido viaja más rápido en el aire más caliente. La mayoría de los aviones viajan más despacio que la velocidad del sonido. Pero algunos aviones de propulsión a chorro pueden romper la barrera del sonido.

Cuando un avión viaja a la velocidad del sonido, conocida como Mach 1, las ondas de sonido presionan el aire delante del avión. Para viajar más rápido que el sonido, el avión debe traspasar esas ondas. Un avión de alta velocidad irrumpe a través de esas ondas, haciendo un sonido explosivo llamado un estampido sónico.

A veces se forma una nube de vapor alrededor de un avión cuando este se aproxima a la velocidad del sonido. La presión baja del aire procedente de la fuerza de sustentación del avión perturba el aire a su alrededor y condensa la humedad en el aire, causando la nube de vapor.

¿Agudo o grave?

Cuando un mosquito zumba en tu oído, produce un sonido agudo. Cuando un remolcador viaja a través de la niebla, hace sonar su trompeta grave. Oyes muchos sonidos con distintos tonos. El **tono** de un sonido depende de cuán frecuentemente vibren las partículas en el aire antes de llegar a la oreja. Un sonido agudo, chillón, causa más vibraciones por segundo. Uno grave y retumbante causa menos vibraciones por segundo.

Los músicos de una banda reproducen sonidos agudos y graves. Las flautas producen sonidos agudos. Las tubas producen sonidos graves.

Flauta

Datos asombrosos del sonido

El tono de un sonido depende de su frecuencia. La frecuencia se define como el número de ondas sonoras que pasan por un punto cada segundo.

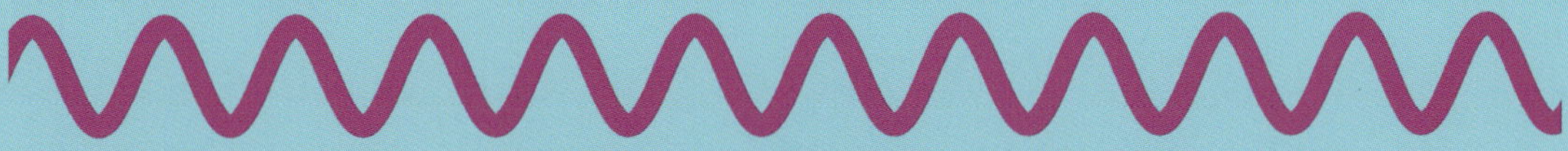

Una longitud de onda corta significa un montón de ondas; alta frecuencia significa tono agudo.

Una longitud de onda larga significa menos ondas; baja frecuencia significa tono grave.

Un murciélago lanza sonidos agudos mientras vuela a través de la noche. Puedes ver a un murciélago volar por el aire, pero no puedes oírlo. Los murciélagos y otros animales producen y escuchan sonidos que la gente no puede detectar.

Las personas escuchan sonidos que vibran entre 20 y 20,000 veces por segundo. Los murciélagos oyen sonidos que vibran hasta 200,000 veces por segundo. Los sonidos con una frecuencia mayor a la que los seres humanos pueden escuchar se llaman **ultrasonidos**.

Los perros, gatos, delfines y ratones pueden oír ultrasonidos. Ciertos grillos, polillas y ranas también producen y escuchan ultrasonidos.

Datos asombrosos del sonido

Los murciélagos usan un sentido especial, llamado **ecolocación**. Escuchan los **ecos** de sus llamadas ultrasónicas para encontrar comida y evitar obstáculos.

Sonar del murciélago

Ondas sonoras de retorno

¿Alto o bajo?

Las hojas crujen en una suave brisa. Un motor de avión ruge cuando se mueve por la pista de despegue. Algunos sonidos son suaves y otros son fuertes. La cantidad de energía en un sonido, llamada su intensidad, determina lo fuerte que es. Si suena con más intensidad causa vibraciones más grandes, y lo escuchamos como un sonido más alto. Si golpeas ligeramente la mesa, esto produce una pequeña vibración y un sonido bajo o suave. Si golpeas duro en la tabla, se producen más vibraciones y un sonido más alto.

¿Cuál tiene mayor intensidad? ¿Un susurro o un concierto de rock?

Datos asombrosos del sonido

Cuando un baterista golpea fuertemente un tambor, produce una gran vibración y un sonido ruidoso. Si el baterista golpea suavemente el tambor, la vibración es más pequeña y el sonido más bajo.

Datos asombrosos del sonido

La cantidad de energía de una onda de sonido se mide como su altura o **amplitud**. Los sonidos fuertes tienen mayor amplitud que los sonidos suaves.

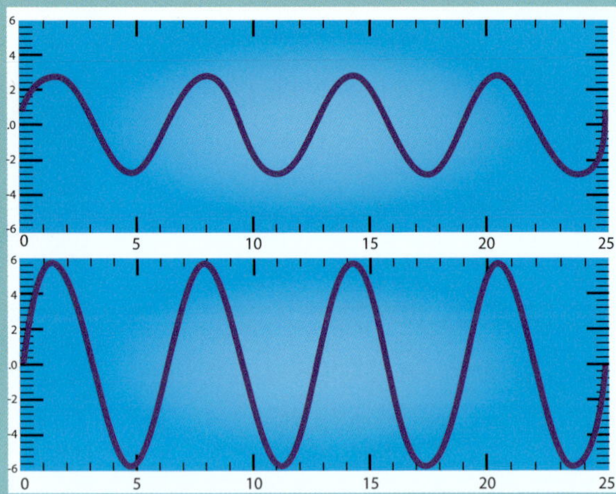

Los instrumentos llamados osciloscopios miden la amplitud. La onda de sonido en la parte superior del diagrama tiene menos energía y emite un sonido más suave que la onda de sonido en la parte inferior.

La gente mide el volumen del sonido en una escala denominada **decibelios**. Los ruidos superiores a 85 decibelios pueden dañar tu oído. La exposición prolongada al ruido también puede causar pérdida de la audición. Las personas que trabajan en obras de construcción, en los aeropuertos y otros lugares ruidosos protegen sus oídos con protección auditiva.

Un martillo neumático produce sonidos de 130 decibelios.

Niveles de sonido típicos

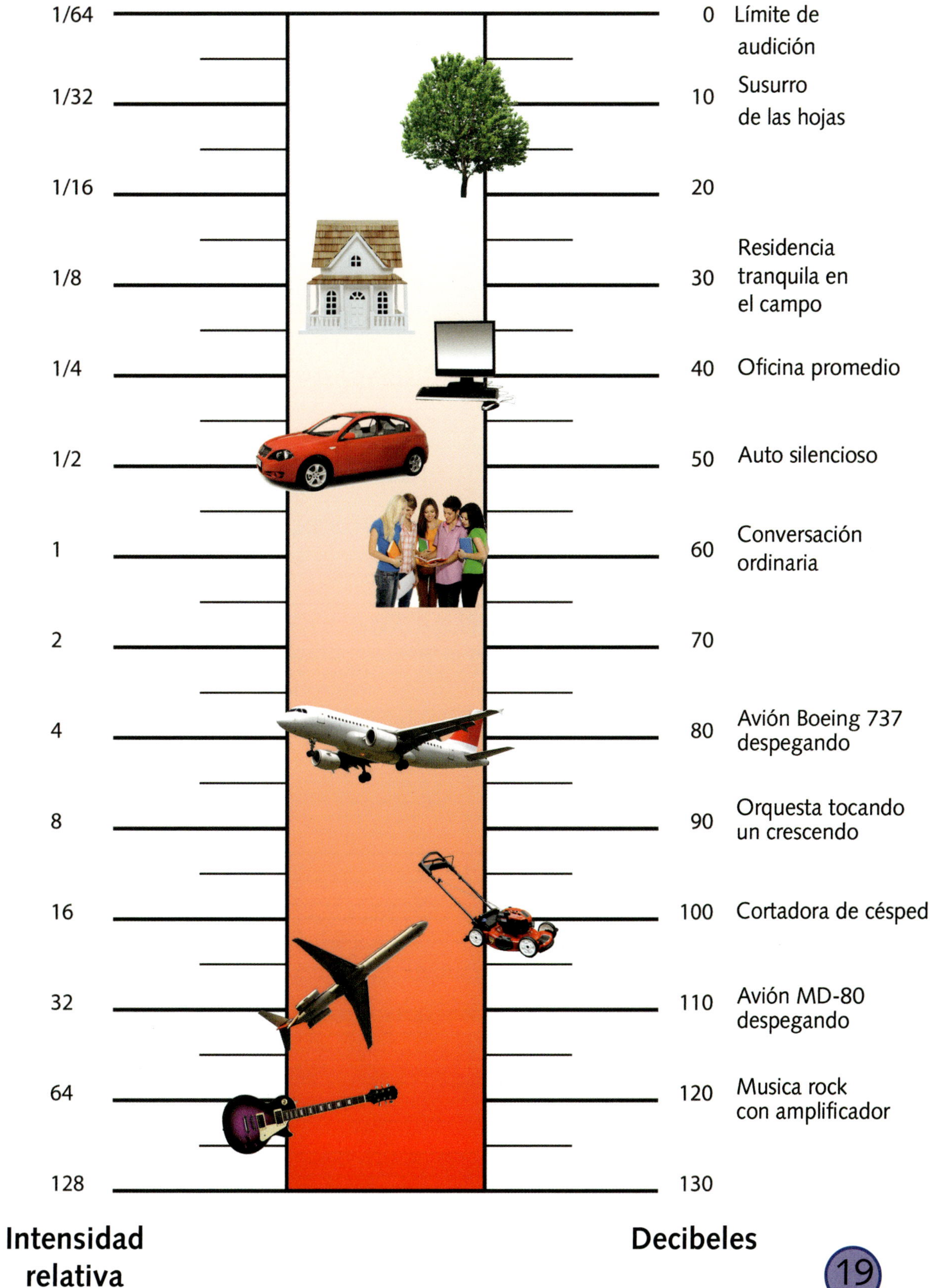

Las ondas sonoras viajan en todas direcciones. ¿Qué sucede cuando una onda sonora llega a un obstáculo? Si una onda llega a una superficie suave, desigual, la mayoría de la energía es absorbida por esta. Pero si una onda sonora golpea una superficie dura y lisa, la onda se refleja como la luz en un espejo. Si gritas hacia una pared que está a más de 55 pies (17 metros), el sonido viaja hacia atrás después de oír el grito. El sonido reflejado se llama **eco**.

Los arquitectos e ingenieros construyen teatros que reflejan el sonido para obtener resultados auditivos de alta calidad. Ellos quieren que la audiencia obtenga el máximo provecho de cada actuación.

Los anfiteatros antiguos y modernos, tienen un área curva que resuena o amplifica el sonido.

Gran parte de lo que sabes sobre el mundo lo aprendiste escuchando sonidos. Cada día escuchas sonidos suaves y fuertes. También produces sonidos agudos y graves cuando cantas y tocas un instrumento. Las ondas sonoras nos traen información acerca de nuestro mundo.

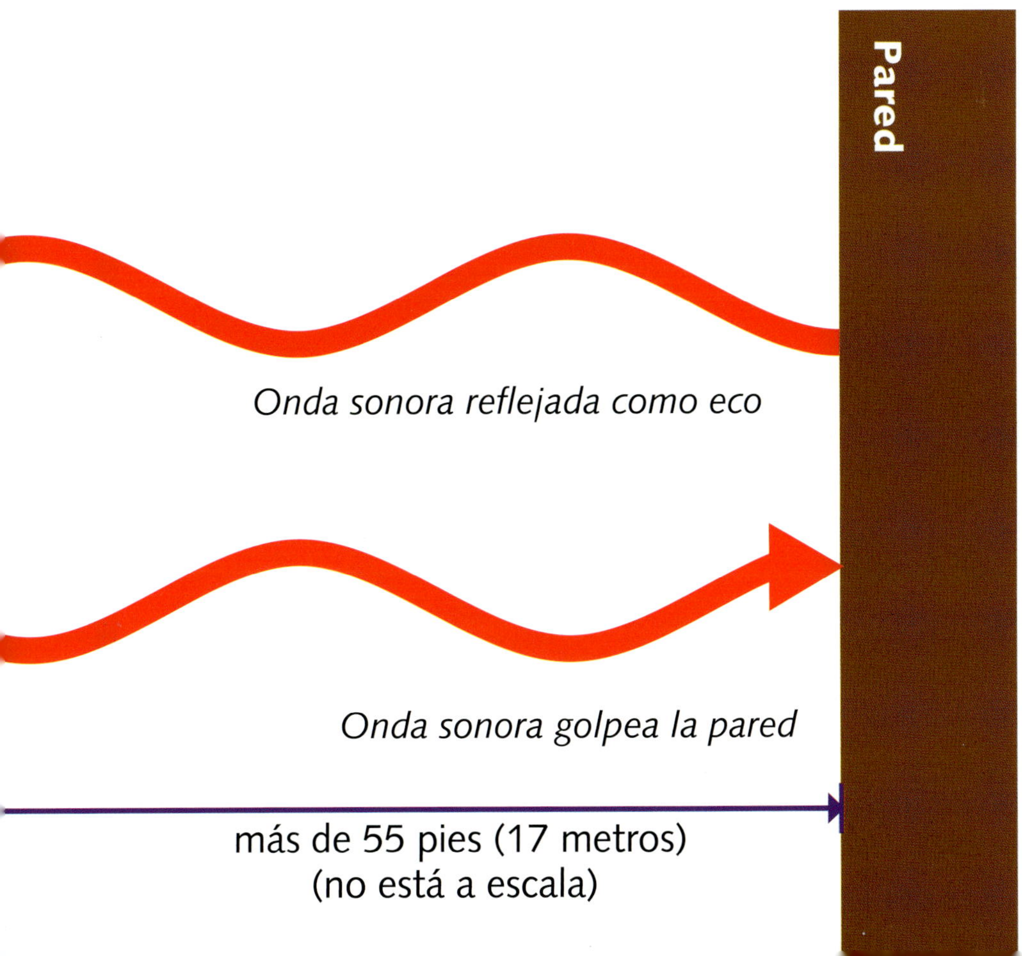

Demuestra lo que sabes

1. ¿Qué les pasa a las moléculas cuando una onda sonora choca contra ellas?

2. ¿En qué se diferencian las ondas sonoras de un sonido agudo de las ondas de uno grave?

3. ¿Por qué hay sonidos más altos que otros?

Glosario

amplitud: valor máximo o altura de una onda

decibelios: unidades para medir el volumen de los sonidos

eco: repeticiones de un sonido causada por la reflexión de una onda de sonido sobre una superficie dura y lisa

ecolocación: proceso mediante el cual los murciélagos, delfines y otros animales encuentran objetos produciendo sonidos y escuchando sus ecos

energía: fuerza necesaria para hacer algo

materia: todo lo que tiene masa y ocupa espacio

moléculas: unidades más pequeñas de una sustancia que mantiene todas las propiedades de esa sustancia

ondas sonoras: vibraciones audibles en un sólido, líquido o gas,

tímpano: parte del oído medio que vibra con las ondas sonoras

tono: cuán grave o agudo es un sonido, determinado por el ritmo de las vibraciones que emite la sustancia

ultrasonidos: sonidos cuya frecuencia es demasiado alta para ser escuchadas por los seres humanos

vibraciones: movimiento rápido hacia adelante y hacia atrás

Índice

Sitios de la internet

http://www.grc.nasa.gov/WWW/k-12/airplane/sndwave.html
http://www.questacon.edu.au/activities/musical_coathanger.html
http://www.wildmusic.org/

Sobre la autora

A Buffy Silverman le gusta escuchar el crujido de la nieve en invierno, el canto de las aves en primavera, la llamada de las ranas toro en verano y los remolinos de hojas en el otoño. Cuando no está explorando al aire libre, escribe sobre la ciencia y la naturaleza.

Meet The Author!
www.meetREMauthors.com